FASI CHIAVE DEL RECLUTAMENTO

Tecniche di selezione del candidato giusto

FASI CHIAVE DEL RECLUTAMENTO

Tecniche di selezione del candidato giusto

scritto da Caroline Cailteux
tradotto par Sara Rossi

FASI CHIAVE DEL RECLUTAMENTO

- **Problemi:** come preparare un reclutamento per un risultato rilevante?

- **Perché è importante?** In un piccolo team, e a volte anche in un'organizzazione più grande, il reclutamento è affare di tutti e tutti, probabilmente, vi saranno coinvolti prima o poi. Vale quindi la pena di apprendere alcuni princìpi dall'esperienza per aiutarvi a reclutare il candidato giusto.

- **Contesto professionale:** gestione delle risorse umane.

- **FAQ:**
  - I migliori candidati sono ancora fuori dall'azienda?
  - Quali sono i metodi di selezione più utilizzati?
  - Quali sono i metodi più efficaci?
  - Quanto dura il processo di reclutamento?
  - Quante fasi devono essere messe in atto nella selezione?
  - Chi ha voce in capitolo nel reclutamento?
  - Come evitare i "falsi candidati buoni"?

Il reclutamento è un processo bidirezionale che coinvolge sia le competenze del candidato che quelle del selezionatore. Sebbene molte aziende abbiano la possibilità di assumere reclutatori professionisti, a volte il compito viene affidato a persone con poca esperienza, soprattutto nelle organizzazioni più piccole. Se questa è la vostra situazione, qui troverete alcune chiavi, consigli e suggerimenti per guidarvi nel processo di selezione dei candidati.

È un dato di fatto che la maggior parte delle assunzioni avviene in fretta e furia. Qualcuno entra nel vostro ufficio e vi chiede di trovare una soluzione per ieri, anche se voi stessi siete oberati di lavoro; Youssef si è appena dimesso per andare a lavorare in Brasile; Marion andrà in collegio tra qualche settimana; Pierre ha appena comunicato di essersi rotto una gamba e sarà assente per due mesi. E proprio mentre vi state collegando al web per pubblicare un annuncio il più rapidamente possibile, un collega vi ricorda gentilmente che quest'anno i budget sono piuttosto ridotti…

FERMATEVI! Soprattutto, non abbiate fretta! È fondamentale non perdere di vista il fatto che il reclutamento è un investimento. Il tempo dedicato alla ricerca del candidato dei vostri sogni ha un costo. Prendetevi un momento per analizzare la situazione: cosa state cercando esattamente? Dove? Quando? Come? Per chi? Quest'ultima domanda è importante: più persone sono coinvolte nel processo di reclutamento, più numerose sono le procedure da considerare. Sarete sorpresi dalle differenze di percezione e di aspettative di coloro che sono coinvolti in un processo di reclutamento e selezione.

Se il concetto di reclutamento è come un gomitolo di cui non riuscite a trovare il filo, concedetevi 50 minuti e presto vedrete più chiaramente. Esperti o meno, un buon reclutamento è come un ricevimento ben organizzato. Indipendentemente dalle risorse a disposizione e dal profilo degli ospiti, ci sono alcuni princìpi da seguire per garantire che l'evento si svolga senza intoppi. Ricordate che se invitate i candidati per selezionarli, essi saranno partner attivi che vi valuteranno a loro volta. Dovrete dimostrare il vostro senso di accoglienza, i valori e le qualità della vostra azienda e la vostra professionalità. Perché, non fraintendetemi, non mancheranno di chiedervi anche le vostre competenze. Quindi, se volete che lo scambio sia costruttivo e sfoci in una stretta di mano *vincente*, siate preparati!

L'ABC DEL RECLUTATORE PREPARATO

Sebbene ogni selezionatore applichi la propria ricetta per il reclutamento, c'è un filo conduttore nel processo. Molti ricercatori si sono occupati di descrivere una "procedura di *reclutamento* classica" (LABERON Sonia *et alii*, *Psychologie et recrutement. Modelli, pratiche e normatività*, Bruxelles, De Boeck, 2011). All'incrocio di questi approcci scientifici è emersa la struttura portante del processo, articolata in cinque fasi chiave:

- analisi;

- strategia;

- valutazione;

- selezione;

- concretizzazione.

ANALIZZARE IL CONTESTO DI RECLUTAMENTO PER OTTENERE UN QUADRO CHIARO

Quando pensiamo al reclutamento, è facile immaginare un selezionatore o una commissione di valutatori che si trova di fronte a un candidato che cerca di non rovesciare la sua tazza di caffè mentre risponde alle domande. Il primo istinto sarà probabilmente quello di elencare le domande tradizionali che si pensa di porre: "Qual è il suo background professionale?"; "Quali sono le sue referenze?"; "Quali risultati ha ottenuto in passato?"; "Può indicare tre delle sue qualità e tre dei suoi difetti?"; ecc. Tuttavia, prima di iniziare i colloqui con i candidati, spetta a voi porvi le domande giuste.

Perché abbiamo bisogno di reclutare?

- Si tratta di creare una nuova funzione per soddisfare nuove esigenze?

- Dobbiamo sostituire Michel, che si è ritirato? In questo caso, è meglio scegliere un profilo esperto o uno più inesperto e considerare un piano di allenamento?

- Dobbiamo sostituire qualcuno che si è dimesso? Perché l'ha fatto? C'è tensione nella squadra?

È davvero necessario avviare una procedura di reclutamento?

- La funzione liberata è ancora rilevante?

- Non dovremmo ridefinire la funzione tenendo conto del contesto in evoluzione?

- Non potrebbe assumere il ruolo un membro del personale esistente?

- Le attività dedicate a questa funzione non possono essere ridistribuite?

- Non è possibile ricontattare un candidato di una precedente selezione?

- Abbiamo una rosa di candidati?

Che impatto avrà questa assunzione sull'organizzazione?

- Ci sarà bisogno di sensibilità?

- Si tratta di una funzione sensibile in un clima di crisi aziendale?

- Si tratta di una funzione critica che deve essere ricoperta rapidamente?

- I problemi di reclutamento delle parti interessate sono gli stessi?

- Ci sono richieste nascoste? Ad esempio, lo sponsor ha progetti futuri per la funzione che non menziona spontaneamente e che potrebbero influenzare il profilo? Il manager sta cercando un particolare profilo di personalità per mobilitare o temperare un altro profilo all'interno del team?

- La percezione della funzione è la stessa per i diversi attori del reclutamento?

Quale potrebbe essere il costo del reclutamento?

- Qual è l'impatto di questo nuovo stipendio sul bilancio del personale?

- Ci sono incentivi o vantaggi per ridurre i costi?

- La funzione è legata a un accordo di sovvenzione?

- Quale sarà il costo indiretto di questa assunzione? Quanto tempo ci vorrà? Quante persone saranno necessarie per il processo di selezione?

- Quali sono le modalità di sponsorizzazione della pubblicazione dell'annuncio e i metodi di selezione?

Una volta che avrete risposto a queste domande e sarete riusciti a posizionare il vostro processo di reclutamento all'interno della strategia dell'organizzazione, potrete passare alla fase successiva: la determinazione della strategia di reclutamento stessa.

DEFINIRE LA STRATEGIA DI PUBBLICIZZAZIONE DELLA RICHIESTA

In questa fase, di solito si ha una visione d'insieme del processo. Sapete, ad esempio, che si tratta di sostituire Marion, che va in pensione; che Geraldine voleva il posto, ma non ha le competenze per sostituirla; che il manager vuole assumere un profilo junior perché pensa che le sue idee saranno più innovative; che dovrete contattare Louis per chiedergli di fare da tutor e pianificare un programma di formazione relativo alle specificità dell'azienda.

Prima di investire le vostre energie nella pubblicità di un lavoro e nell'incontro con potenziali candidati, è essenziale che dedichiate un po' più di tempo allo sviluppo della vostra strategia di reclutamento.

La descrizione del lavoro – Cosa sto cercando?

La domanda trasversale nel processo di assunzione è se il profilo del candidato corrisponde al profilo ricercato. La sfida sarà quindi quella di definire il profilo atteso, tenendo conto di diverse dimensioni.

- Il legame tra la funzione e l'organizzazione:
  - la missione nella dinamica complessiva dell'azienda;
  - la posizione nell'organigramma;
  - lo spazio di manovra e le responsabilità;
  - i valori attesi, che riflettono la cultura aziendale.

- La funzione:
  - le attività che la persona svolgerà;
  - i risultati, le competenze o i talenti attesi;
  - i prerequisiti e le condizioni di accesso alla funzione.

- Il legame immediato con l'ambiente di lavoro:
  - le particolarità delle condizioni di lavoro (da soli, in squadra, in ambienti chiusi, all'aperto, in orari notturni, ecc.);
  - le caratteristiche personali favorevoli all'integrazione nel team;
  - i rischi fisici, ambientali e psicosociali legati all'esercizio della funzione.

La job description, ancora spesso trascurata, è tuttavia la chiave di volta di una gestione coerente delle risorse umane. Serve come quadro di riferimento per gli scambi e come punto di partenza per le discussioni. Il contenuto di una job description e il livello di sintesi o di esaustività che richiede dipendono dalla strategia HR dell'azienda e dal suo livello di maturità nel settore. Alcune aziende non hanno nemmeno una descrizione delle mansioni, mentre altre parlano di gestione delle competenze o di gestione dei talenti.

Se volete scrivere una descrizione del lavoro efficace, assicuratevi di adattarla allo stile e al ritmo della vostra azienda. L'importante è che il documento sia chiaro e strutturato e che gli attori del processo (sponsor, valutatori e destinatari) siano d'accordo sul suo contenuto.

Gli elementi inclusi nella descrizione del lavoro vi permetteranno di dedurre i criteri di selezione, ossia le caratteristiche che cercherete nei candidati per determinare se soddisfano o meno i requisiti. Gli scienziati parlano generalmente di "predittori", ritenendo che la presenza di queste caratteristiche predica la performance dei candidati.

Profilo di competenza e criteri di selezione

La job description è ancora una definizione teorica delle caratteristiche di un lavoro e delle abilità e competenze utili e necessarie per il suo svolgimento. Immaginiamo che stiate cercando un coordinatore di progetto a tempo pieno per un centro culturale. Il progetto è in fase iniziale e la persona assunta dovrà innanzitutto effettuare una diagnosi della situazione culturale del quartiere. Prima di avviare le attività culturali, dovrà trascorrere un anno a sondare l'opinione degli utenti del centro culturale e a progettare un programma di attività su misura. Dovrà inoltre entrare in contatto con le diverse associazioni e con gli artisti per creare collaborazioni.

Se iniziate il processo di selezione pensando di aver trovato il candidato ideale, dovete accettare il fatto che non esiste! I candidati che si presentano al colloquio hanno profili diversi:

- Laura lavora nel settore culturale da tre anni, ma è disponibile solo a tempo parziale;

- Zora è alla ricerca del suo primo lavoro e ha svolto molte attività artistiche e culturali;

- David ha più di dieci anni di esperienza nell'organizzazione di eventi sportivi;

- Marco è un venditore alla mano, con una passione per la cultura e una grande conoscenza della stessa. Ha anche molti amici nel settore e potrebbe attivare rapidamente la sua rete a vostro vantaggio.

Come si può individuare la persona che meglio risponde alle vostre aspettative? Definendo in anticipo i criteri di selezione. Tra l'ampia gamma di attività che compongono la funzione, quali dovrebbero essere svolte in via prioritaria? Quali sono le competenze, le abilità e i risultati che vi dicono che la persona seduta di fronte a voi sarà effettivamente in grado di affrontare la sfida? Quali sono le indicazioni che i candidati scelti si identificheranno con i valori della vostra organizzazione? Quali sono le modalità personali con cui si inseriscono nel team?

Per facilitare questa indagine, è necessario stabilire una griglia di lettura coerente, che permetta di standardizzare l'approccio e di confrontare i candidati sulla base di criteri identici. Poiché ogni valutatore ha la propria soggettività, la griglia dei criteri fornirà un prisma di lettura comune che consentirà a ciascun valutatore di posizionarsi in modo più obiettivo. Pertanto, includerà le caratteristiche ricercate in via prioritaria a livello di organizzazione, funzione e persona.

ESEMPIO: CRITERI DI SELEZIONE PER UN COORDINATORE DI PROGETTI CULTURALI

A livello organizzativo:

- interesse per la cultura;
- interesse per gli scambi con i rappresentanti del mondo dell'arte;
- a proprio agio in piccole strutture con poche risorse;
- a proprio agio in un ambiente che richiede la disponibilità nei fine settimana.

A livello di funzione:

- capacità complessive:
  - capacità investigative, per condurre indagini tra il pubblico di riferimento;
  - capacità di analisi, per tradurre le esigenze del settore in attività;
  - creatività, per sensibilizzare il pubblico attraverso un approccio ludico.
- capacità specifiche:
  - buona conoscenza del settore culturale, dei suoi attori, delle sue risorse, ecc.;

° conoscenza dei programmi di elaborazione testi per la stesura di relazioni.

A livello individuale:

- assertività e audacia nell'esprimere la propria opinione;
- con orari di lavoro flessibili.

Oltre alle qualifiche richieste, non dimenticate di chiedere al candidato la motivazione che lo spinge a entrare nella vostra organizzazione e ad assumere la posizione, nonché i fattori motivazionali personali (stipendio, telelavoro, sicurezza del posto di lavoro, equilibrio tra lavoro e vita privata, opportunità di carriera, formazione, ecc.). Queste informazioni forniranno al futuro manager indicazioni su come allenare la persona, attivare le sue competenze e soprattutto mantenere nel tempo il suo investimento professionale.

Una volta definiti tutti i criteri, è possibile determinare anche gli indicatori di successo su questi diversi criteri. Cosa volete vedere nel vostro candidato per determinare se soddisfa o meno un criterio? Alcuni sceglieranno di dare un punteggio, misurando il livello di soddisfacimento del criterio su una scala da uno (per niente) a cinque (molto); altri utilizzeranno informazioni qualitative annotando informazioni e osservazioni durante lo scambio e descrivendo la situazione nel modo più oggettivo possibile.

Se date un'occhiata alla tabella seguente, scoprirete il vantaggio di strutturare il vostro colloquio. Quando i candidati vengono confrontati in base agli stessi criteri, le differenze tra il profilo desiderato e quello effettivo del candidato diventano più evidenti. Inoltre, sarà più facile osservare le differenze tra i singoli candidati. I valutatori potranno basarsi sulle priorità, risultanti dall'analisi, e dare la preferenza alla persona che meglio soddisfa le aspettative sui criteri dominanti.

Ora che avete un'idea chiara di ciò che state cercando e che vi abbiamo illustrato il tipo di risultato che otterrete strutturando il colloquio attraverso una griglia di criteri di selezione, potete finalmente comunicare le vostre aspettative in un'offerta di lavoro!

L'offerta di lavoro

La descrizione del lavoro e i criteri di selezione vi aiuteranno a strutturare l'annuncio di lavoro, che comprenderà:

- una descrizione dell'azienda, delle sue missioni e dei suoi valori;

- una descrizione della missione associata al mestiere che il futuro dipendente svolgerà e delle sue principali attività;

- una descrizione del contesto lavorativo;

- le vostre aspettative in termini di competenze e talenti, nonché le caratteristiche personali e la disponibilità richieste;

- la vostra offerta, cioè il tipo di contratto, le condizioni salariali, i benefit, le prospettive future, ecc.

L'analisi effettuata in precedenza vi consentirà di individuare il canale più appropriato per diffondere la vostra richiesta. Ci sono diverse possibilità:

- comunicazione interna dell'offerta di lavoro (valvole, e-mail, giornale aziendale, ecc.);
- diffusione gratuita dell'offerta sul web attraverso le istituzioni pubbliche;
- distribuzione a pagamento dell'offerta sul web;
- presenza a fiere o saloni del lavoro;
- sollecitare un'agenzia di lavoro temporaneo, un'agenzia di reclutamento e selezione, cacciatori di teste, ecc;
- diffusione sui social network;
- ecc.

È importante prestare attenzione al contenuto e alla forma della comunicazione. Pensate al pubblico a cui intendete rivolgervi e al messaggio che volete trasmettere : l'annuncio di lavoro è una vetrina della vostra attività che rendete visibile al pubblico. Ma il reclutamento è un processo a doppio senso, quindi con tutto ciò che chiederete ai candidati, non dimenticate di attirare la loro attenzione su ciò che avete da offrire. Lo stile del vostro annuncio darà un'indicazione del "marchio" della vostra azienda: è innovativo e dinamico o piuttosto conformista? Permette ai suoi dipendenti di essere creativi? È all'avanguardia in un settore? Ha valori filosofici importanti? E così via. Se il curriculum vitae mostra la personalità del candidato, l'annuncio di lavoro evidenzia quella del datore di lavoro.

VALUTARE I CANDIDATI CON IL METODO GIUSTO

I metodi di reclutamento e selezione variano considerevolmente da un'azienda all'altra, a seconda del modello di gestione delle risorse umane che privilegia. François Pichault e Jean Nizet (2000) hanno studiato l'argomento e descritto cinque modelli di gestione delle risorse umane e la loro influenza sulla gestione della forza lavoro in entrata e in uscita da un'organizzazione.

Così, alcune aziende danno poca importanza alla selezione, privilegiando le raccomandazioni della propria rete, mentre altre vi sono più interessate, considerandola come parte di una gestione delle competenze lungimirante o per rispetto delle procedure regolamentate, come ad esempio nella pubblica amministrazione.

Alcuni metodi sono più costosi di altri, quindi le risorse a vostra disposizione influenzeranno la vostra scelta. Le scadenze da rispettare influiscono anche sul livello di strutturazione dei colloqui e sul numero di fasi di selezione. Ricordate che non è il metodo a fare il reclutamento, ma è la vostra esperienza a dargli spessore!

SELEZIONE DEL CANDIDATO GIUSTO

Preselezione su CV e lettera di presentazione

Il CV del candidato vi darà una prima impressione del suo background e dei suoi punti di forza personali. La sua presentazione vi darà un'idea di come struttura le sue idee e di cosa vuole proporre per attirarvi. La lettera di presentazione deve darvi un'idea degli interessi e delle motivazioni che lo spinge a entrare nella vostra organizzazione.

Per selezionare le candidature in modo oggettivo, fissate alcuni criteri di preselezione: esperienza nel settore, conoscenze specifiche, competenze linguistiche, e via discorrendo. Quindi, classificate le domande sulla base di questi elementi.

Prima di eliminare un CV o di preferirne un altro, indagate per assicurarvi che quanto pubblicizzato corrisponda a quanto effettivamente presente. Potete farlo telefonando al candidato per interrogarlo e verificarne le conoscenze e le competenze linguistiche, ad esempio.

 ## DA TENERE PRESENTE

Molte persone in cerca di lavoro sono reattive e disponibili, ma questo non significa che siano sedute al telefono in attesa della vostra chiamata. Assicuratevi quindi che l'interlocutore sia di buon umore prima del colloquio, ad esempio fissando un appuntamento telefonico.

Se le vostre impressioni sono confermate, invitateli a un esame più approfondito della loro domanda. Se il risultato non soddisfa le vostre aspettative, date le energie investite, valutate innanzitutto la possibilità di recuperare l'applicazione in un altro reclutamento. Se il profilo non corrisponde alla vostra organizzazione o alle mansioni che vi vengono svolte, il CV verrà eliminato.

Selezione su misura in base alle vostre esigenze

Dopo il vaglio iniziale delle candidature, è necessario saperne di più per valutare correttamente il profilo di coloro che restano in lizza. Dovrete quindi applicare il metodo di selezione più adatto alla vostra realtà lavorativa. Se il potenziale dei tre-cinque candidati presi in considerazione è equivalente, le loro esperienze e competenze li differenzieranno. La sfida è ora quella di confrontare i candidati in modo oggettivo e di convalidare le vostre impressioni ottimizzando le risorse a vostra disposizione.

Per prepararvi, vi illustreremo il processo di un colloquio di selezione per una posizione di coordinatore di progetto culturale in un contesto di budget minimalista.

 ## IL METODO "STAR"

Il metodo "STAR" si adatta bene alle esigenze di reclutamento con processi brevi e budget ridotti. I candidati sono invitati a descrivere situazioni concrete passate che illustrino la mobilitazione della competenza mirata. Devono strutturare la loro risposta descrivendo la situazione vissuta (S), i compiti svolti (T), le azioni concretamente intraprese (A) e i risultati ottenuti (R).

FATE IN MODO CHE CIÒ ACCADA PRENDENDO LA DECISIONE GIUSTA

La giusta decisione di assunzione deriva dalla massima corrispondenza possibile tra il profilo della persona assunta e la funzione definita. Questo sottolinea ancora una volta la necessità di un'attenta preparazione del reclutamento, che preveda un'analisi della domanda e delle caratteristiche prioritarie richieste per il lavoro. Una buona descrizione del lavoro vi fornirà un buon quadro di reclutamento. Quanto più strutturati saranno la preparazione e l'approccio, tanto più ovvia sarà la decisione finale.

Il modo più semplice per comunicare i risultati dei colloqui ai responsabili delle decisioni è fornire una griglia comparativa dei candidati, che riassuma le osservazioni sui diversi criteri e le conclusioni dei valutatori. Potete proporre una graduatoria dei candidati per facilitare la decisione finale dei rappresentanti dell'organizzazione, che hanno la responsabilità dell'incarico. Sebbene la dotazione finanziaria sia normalmente determinata all'inizio del processo, non dimenticate di discutere le condizioni contrattuali e salariali con il candidato prima di presentare il risultato della selezione. Alcuni di loro potrebbero voler negoziare il proprio stipendio e i propri benefit e sarà necessario discutere il margine di manovra con il decisore finale. Quando il candidato ha un profilo raro o eccellente, i termini di ingaggio possono essere allentati.

I MIGLIORI CONSIGLI

- L'impegno non termina con la firma del contratto. Se volete assicurarvi che la persona si impegni nella vostra organizzazione, dovete occuparvi di accoglierla e integrarla dopo aver espletato le formalità amministrative. Ciò contribuirà alla loro soddisfazione e quindi alla loro motivazione. Si possono adottare diverse misure: preparare il materiale di lavoro, organizzare un colloquio di benvenuto con il responsabile di linea, spiegare le abitudini e le consuetudini dell'azienda, mettere a disposizione informazioni, presentare il nuovo assunto ai dipendenti attraverso un tour dei reparti, pianificare un programma di formazione, ecc.

- Non dimenticate che la decisione finale è al 50% nelle mani del candidato. Se lui o lei deve dimostrare di essere competente, la società di reclutamento deve dimostrare di essere attraente. Quindi fate attenzione al vostro atteggiamento! Anche se il processo di selezione richiede di analizzare il candidato per vedere se corrisponde alle vostre aspettative, non dimenticate che state interagendo con un potenziale futuro collega. Il candidato partecipa attivamente al processo e analizza anche voi.

- Essere consapevoli dei processi di discriminazione. I nostri stereotipi (idee preconcette e generalizzazioni di certe caratteristiche relative ai gruppi sociali) sono all'origine dei pregiudizi su certi profili. Le leggi antidiscriminazione e le politiche sulla diversità aiutano a incanalare questo comportamento. Al vostro livello, utilizzate tecniche standardizzate (confrontando i candidati in base a criteri di selezione identici) per garantire una maggiore obiettività; concentratevi sulle competenze ed evitate criteri come i limiti di età negli annunci di lavoro.

 ## L'EFFETTO DI RIMBALZO DELLO STEREOTIPO

Paradossalmente, se cercate di scacciare i pensieri che vi sembrano inappropriati durante il colloquio, è probabile che siano ancora più presenti. I ricercatori stanno studiando come rimediare a questi effetti collaterali del controllo mentale. Nel frattempo, mettersi nei panni della persona che viene stereotipata potrebbe essere un approccio migliore che cercare di non pensare ai pregiudizi su di essa.

- Se le risorse a disposizione per le assunzioni sono limitate, è consigliabile utilizzare un'intervista strutturata e preparata, incentrata sull'analisi delle conoscenze del candidato, piuttosto che porre domande spontanee e diverse, che sono soggettive e non consentono di confrontare le persone secondo gli stessi criteri. Questo tipo di intervista è effettivamente poco costoso e diverse ricerche indicano che la sua validità è relativamente alta. Ciò sottolinea ancora una volta l'importanza della preparazione e della selezione dei criteri per il confronto dei profili. I centri di valutazione sono più rassicuranti, grazie all'utilizzo di metodi incrociati, ma purtroppo molto costosi.

- Non dimenticate di sondare la motivazione del candidato. Una persona competente che non è motivata non potrà dare buoni risultati. Non limitatevi a chiedere al candidato se è motivato; è più che probabile che la risposta sia affermativa. Chiedete loro quali sono i fattori motivanti. È l'immagine della vostra azienda e il desiderio di essere associati ad essa che li attrae? È il lavoro che li interessa particolarmente? La persona è motivata da un piano di carriera e, in tal caso, potete rispondere? Quali sono le loro motivazioni personali (sfida, stabilità, stipendio, opportunità di formazione, autonomia)?

FAQ

I MIGLIORI CANDIDATI SONO ANCORA FUORI DALL'AZIENDA?

No. Prima di investire nel reclutamento, considerate i profili all'interno della vostra azienda e le opportunità di sviluppo professionale che potete offrire loro. Questo è un importante fattore di motivazione per il personale esistente.

Una griglia di analisi del *fatturato* vi permetterà di collocare i profili all'interno della vostra organizzazione. Ciò solleva la questione della "sostituibilità" del personale: il dipendente che se ne va è stato un buon esecutore (produttività, capacità di lavorare con gli altri, potenziale per assumere responsabilità significative, ecc.)? Le sue prestazioni sono facilmente sostituibili? Ci sono profili identici che potrebbero sostituirlo?

La matrice prestazioni/sostituibilità sviluppata da D.C. Martin e K.M. Bartol vi guiderà in questa riflessione.

QUALI SONO I METODI DI SELEZIONE PIÙ UTILIZZATI?

Sono disponibili diverse tecniche per aiutarvi a conoscere meglio i candidati:

- il colloquio non strutturato, che favorisce uno scambio spontaneo con la persona sul suo percorso professionale e sugli asset descritti nel suo CV. Lascia la porta più aperta alla soggettività;

- l'intervista strutturata, che si basa su criteri di selezione che guidano l'intervista. La griglia di valutazione dei candidati si basa su una descrizione del lavoro. La standardizzazione offerta da questo approccio tende ad aumentare l'obiettività;

- il confronto dei candidati con situazioni critiche, che consente di studiare il modo in cui prendono le decisioni. Questo approccio tiene conto della valutazione di criteri di successo predefiniti;

- test psicometrici, che permettono di valutare l'intelligenza dei candidati, le loro competenze specifiche (test di memoria, abilità verbali, ragionamento percettivo, logica matriciale, velocità, organizzazione percettiva, ecc.) o di conoscere la loro personalità (MBTI, SOSIE, ecc.);

- centri di valutazione, che consentono ai selezionatori di osservare i candidati in situazioni di lavoro individuali o di gruppo (test di mailbox, dibattiti, negoziazioni, giochi di ruolo, risoluzione di problemi di squadra, ecc.) Le situazioni e la combinazione di test variano da un'azienda all'altra e richiedono una o due giornate di lavoro;

- cacciatori di teste;

- referenze e raccomandazioni professionali.

QUALI SONO I METODI PIÙ EFFICACI?

Diversi studi scientifici hanno dimostrato che i seguenti metodi hanno una validità predittiva (qualità della previsione delle prestazioni) e un'affidabilità inter-rater (grado di accordo tra i valutatori, che corrisponde a una certa obiettività) molto elevate:

* intervista strutturata;

* intervista situazionale;

* test attitudinali e di intelligenza;

* scenari situazionali;

* centri di valutazione.

Sebbene molti candidati includano referenze e lettere di raccomandazione, gli studi indicano che questo metodo ha bassa affidabilità inter-rater e bassa validità predittiva.

QUANTO DURA IL PROCESSO DI RECLUTAMENTO?

Il tempo necessario per il reclutamento è molto variabile e dipende da molti fattori. Rispondendo alle seguenti domande sarete in grado di pianificare il processo di reclutamento tra le numerose attività da gestire.

* Questo reclutamento è urgente?

* Questo reclutamento è importante?

* La mancata occupazione della funzione è dannosa per l'azienda? Se sì, a quale livello?

- Quali attività saranno interrotte e che effetto avrà sulla continuità degli altri processi coinvolti?

- Qual è la fattibilità di questo reclutamento? Abbiamo i mezzi (tempo, personale, strumenti, ecc.) per effettuare questo reclutamento?

- I profili sono facili da trovare sul mercato del lavoro o sono piuttosto rari?

QUANTE FASI DEVONO ESSERE MESSE IN ATTO NELLA SELEZIONE?

Iniziate a considerare i criteri essenziali per la valutazione dei profili dei candidati. Non si devono programmare interviste troppo lunghe, perché ciò potrebbe portare a una perdita di attenzione e di interesse. Se avete un lungo elenco di criteri, è meglio considerare diverse fasi di selezione piuttosto che un unico lungo colloquio.

Più informazioni si incrociano, maggiore sarà il livello di certezza. Dovrete bilanciare la validità dei metodi a vostra disposizione con le vostre priorità (livello di urgenza moltiplicato per il livello di importanza del reclutamento). Se le competenze sono ben mirate e le domande sono strutturate, sarete in grado di prendere buone decisioni.

CHI HA VOCE IN CAPITOLO NEL RECLUTAMENTO?

Per aumentare le possibilità di scegliere il profilo giusto, è importante circondarsi di valutatori con il profilo giusto. Sebbene siano in grado di effettuare analisi obiettive, i rappresentanti delle risorse umane non sono gli unici validi valutatori. Se state reclutando un profilo tecnico o specifico, spesso vale la pena invitare una persona del settore a partecipare al processo di selezione. Saranno in grado di verificare meglio ciò che il candidato dice e la pertinenza delle sue risposte. Un contatto con il manager non è inutile, perché il rapporto di lavoro avrà un impatto significativo sulla qualità delle prestazioni future. In alcune aziende il candidato prescelto viene anche messo in contatto con il team prima che venga presa la decisione finale.

LE EMOZIONI HANNO UN RUOLO IMPORTANTE NELLE PRESTAZIONI DEL TEAM!

Diversi ricercatori raccomandano una formazione sugli aspetti emotivi in gioco nei team di lavoro. Hanno scoperto che le emozioni positive aumentano le prestazioni del team, mentre il conflitto ha l'effetto opposto. Oltre alle competenze, è quindi importante assicurarsi che il funzionamento personale del candidato corrisponda alla cultura e allo stile di gestione del team.

COME EVITARE I "FALSI CANDIDATI BUONI"?

La vostra migliore guida sarà la griglia di selezione, basata su criteri oggettivi. Uno studio riportato nel libro di Sonia Laberon *et alii* mostra che mentre i selezionatori sondano le diverse competenze tecniche, tendono a cercare caratteristiche di personalità simili: capacità interpersonali, dinamismo, capacità di ascolto, iniziativa, rigore, autonomia, disponibilità e organizzazione.

Anche se queste qualità sono attraenti, chiedetevi se corrispondono al profilo del team e al contesto lavorativo. Non ha senso assumere un profilo molto autonomo in una funzione che lascia poca libertà di attuazione! Il fatto che il candidato sia amichevole, sorrida e condivida alcune delle vostre passioni non significa che avrà un buon rendimento. E solo perché qualcuno è introverso e timido al colloquio non significa che non rivelerà favolosi talenti professionali. Preparate il reclutamento e dotatevi di metodi strutturati per tenere a bada la soggettività.

PER ANDARE OLTRE

FONTI BIBLIOGRAFICHE

Azzopardi (Gilles), *Réussir les nouveaux tests de QI*, Francia, Marabout, 2006.

Dumont (Muriel) e Yzerbyt (Vincent), "Le contrôle mental des stéréotypes: enjeux et perspectives", in *L'année psychologique*, 2001, vol. 101, n° 4, p. 617-653.

Krebs Hirsh (Sandra) e Kummerow (Jean M.), *Introduzione ai tipi psicologici nelle organizzazioni*, Zellik, Alert Management Consultants, 1999.

Martin (D.C.) e Bartol (K.M.), "Managing Turnover Strategically", in *Personnel Administrator*, 1985, n. 30, pp. 63-73.

Laberon (Sonia) et alii, *Psicologia e reclutamento. Modelli, pratiche e normatività*, Bruxelles, De Boeck, 2011.

Pichault (François) e Nizet (Jean), *Les pratiques de gestion des ressources humaines*, Paris, Seuil, 2000.

Xiao-Yu Liu (Charline), Härtel (E.J.) e Jian-Min Su (James), "The Workgroup Emotional Climate Scale: Theoretical Development, Empirical Validation, and Relationship With Workgroup Effectiveness", in *Group & Organizational Management*, 2014, Vol. 39 (6), pp. 626-663.

FONTI AGGIUNTIVE

www.selor.be

www.fedweb.belgium.be

www.acompetenceegale.com

Vogliamo sapere da voi!
Lasciate un commento sulla vostra biblioteca online
e condividete i vostri libri preferiti sui social media!

L'editore garantisce l'affidabilità delle informazioni pubblicate, che non possono tuttavia impegnare la sua responsabilità.

Master ISBN: 9782808608411
ISBN cartaceo: 9782808609623
Deposito legale: D/2023/12603/147

Design digitale: Primento,
il partner digitale degli editori.